그건 괴롭힘이야!

초판 1쇄 발행 | 2025년 8월 30일

글쓴이 | 김승혜, 최희영
그린이 | 김연제

펴낸이 | 조미현
책임편집 | 황정원
편집진행 | 박단비
디자인 | 이하나
마케팅 | 이혁
제작 | 이현

펴낸곳 | (주)현암사
등록 | 1951년 12월 24일 · 제10-126호
주소 | 04029 서울시 마포구 동교로12안길 35
전화 | 02-365-5051 · 팩스 | 02-313-2729
전자우편 | child@hyeonamsa.com
홈페이지 | www.hyeonamsa.com
인스타그램 | instagram.com/hyeonam_junior

ⓒ 김승혜, 최희영, 김연제 2025

ISBN 978-89-323-7657-8 73330

- 이 책은 저작권법에 따라 보호를 받는 저작물이므로 저작권자와 출판사의 허락 없이 이 책의 내용을 복제하거나 다른 용도로 쓸 수 없습니다.
- 책값은 뒤표지에 있습니다. 잘못된 책은 바꾸어 드립니다.
- 현암주니어는 (주)현암사의 아동 브랜드입니다.

| 제품명 도서 | 전화번호 02-365-5051 | 제조년월 2025년 8월 | 제조국명 대한민국 |
| 제조자명 (주)현암사 | 사용연령 8세 이상 | 주소 서울시 마포구 동교로12안길 35 |
주의사항 책 모서리에 부딪히거나 종이에 베이지 않도록 주의해 주세요.
KC 마크는 이 제품이 공통안전기준에 적합하였음을 의미합니다.

김승혜, 최희영 글 · 김연제 그림

현암
주니어

작가의 말

　친구들과 함께 보내는 시간은 정말 즐거워요. 같이 웃고, 떠들고, 게임도 하면서 우정은 더 깊어져요. 친구가 있다는 것만으로 평범했던 하루가 특별해지기도 해요.

　그런데 아무리 친한 사이여도 마음이 다치는 순간은 찾아와요. 무심코 던진 말 한마디, 별생각 없이 쳤던 장난, 재미있자고 건넨 농담……. 나에게는 별일 아닌 것 같지만, 누군가에겐 깊은 상처가 될 수도 있어요.

　혹시 이런 경험 있나요? 가볍게 던진 농담에 친구가 불같이 화를 내거나, 눈물을 보인 적이요. 그때 여러분은 아마 이런 생각을 했을 거예요. '그냥 장난친 건데, 왜 저렇게 예민하게 굴지?'

　이 책은 바로 그런 이야기를 다뤘어요. 우리가 친구 사이에서 무심코 하는 행동들이 때로는 상대에게 얼마나 큰 아픔을 주는지, 재미로 한 행동이라도 상대가 싫어하면 괴롭힘이 될 수 있다는 사실을 다양한 에피소드를 통해 설명하고 있어요.

내가 누군가에게 상처를 줄 수 있다면, 나 역시 언제든 상처받을 수 있어요. 그래서 이 책은 가해 행동을 한 친구들의 이야기와 함께, 괴롭힘으로 고통받는 친구들의 이야기에도 귀를 기울였어요. 만약 내가 괴롭힘을 당하고 있다면 그 상황에서 어떻게 벗어날 수 있는지, 그리고 상처 입은 마음을 돌보는 방법에 대해서도 함께 담아냈지요.

우리는 아주 사소한 계기로 괴롭힘의 가해자가 되기도 하고, 피해자가 되기도 하며, 방관자의 위치에 서게 되기도 해요. 학교생활 속에서 전혀 상처받지 않는 건 어렵겠지만, 무엇이 괴롭힘이고 무엇이 장난인지를 명확히 구분할 줄 안다면, 자신을 지켜 낼 힘을 키울 수 있을 거예요.

이 책이 누군가에게는 자신의 행동을 되돌아보는 기회가 되기를, 또 다른 누군가에게는 마음을 위로하는 따뜻한 손길이 되기를 바라요. 나아가, 누군가의 괴롭힘을 외면하지 않고 목소리를 낼 수 있는 용기가 되었으면 해요.

자, 이제 친구를 위해, 그리고 나 자신을 위해, 우리 모두 힘차게 외쳐 볼까요?

"그건 괴롭힘이야!"

등장인물

김준우

책 읽기와 발표를 좋아하는 밝고 긍정적인 아이. 같은 반 민준이와 얽히면서 점점 말수가 줄고 있다.

송승아

친구를 사귀는 데 시간이 걸리지만, 마음을 열면 깊게 친해진다. 작년에 전학 와서 친구를 많이 사귀지 못했다는 생각에 불안하다.

이민준

목소리가 크고 짓궂은 장난을 많이 친다. 승부욕이 강해서 지는 걸 싫어한다. 요즘은 준우를 놀리는 재미로 학교에 간다.

정다은

좋고 싫은 게 분명하고,
답답한 건 딱 질색이다.
요즘 들어 자꾸
승아가 거슬린다.

최은지

먼저 나서는 성격은
아니지만, 눈치가
빠르고 세심하다.

이동혁

힘들어하는 친구를 보면
그냥 지나치지 못한다.
민준이와 2년 째
같은 반이다.

차례

작가의 말 · 4
등장인물 · 6

1장
그냥 장난인데요?

준우와 민준이 이야기

1. 장난? 괴롭힘? 차이가 뭔가요? · 14
2. 내가 예민한 걸까요? · 18
3. 내 탓을 하는 친구 때문에 속상해요 · 22
4. 친구끼리 별명도 못 부르나요? · 26
5. 장난으로 부딪친 건데요? · 30
6. 나중에 돌려주려고 했어요 · 34
7. 친구끼리는 이상한 사진을 찍어도 되나요? · 38

2장
이것도 괴롭힘인가요?

승아와 다은이 이야기

8. 칭찬이었는데 기분 나쁘대요 · 44
9. 친구들이 내 앞에서 험담을 해요 · 48
10. 인사 좀 안 받아 줬을 뿐인데요? · 52
11. 친구가 부모님을 욕해요 · 56
12. 엉덩이를 때리는 장난은 괜찮을까요? · 60
13. 누군지 모르게 욕했는데요? · 64

3장
그냥 보고만 있어도 되나요?

은지와 동혁이 이야기

14. 친구가 괴롭힘을 당하는 것 같아요 · 70
15. 내가 도울 수 있을까요? · 74

4장
도움을 받고 싶어요

준우와 승아 이야기

16. 이런 일로 신고해도 될까요? · 80
17. 어른들에게 어떻게 말해야 할까요? · 84

5장
내가 친구를 괴롭혔다고요?

민준이와 다은이 이야기

18. 내가 가해자라고요? · 90
19. 이 정도는 괜찮을 줄 알았어요 · 94
20. 저 이제 처벌받는 건가요? · 98
21. 사과하고 싶어요 · 102

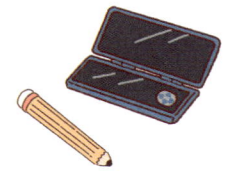

6장
괴롭힘 그 후

승우와 준우 이야기

22. 사과를 받아 줘야 할까요? · 110
23. 이제 괜찮아질 수 있겠죠? · 114

에필로그 그건 괴롭힘이야! · 118
부록 괴롭힘 없는 우리 반을 위한 약속 · 120

1장

그냥 장난인데요?

준우와 민준이 이야기

준우 이야기

1. 장난? 괴롭힘? 차이가 뭔가요?

여러분, 장난과 괴롭힘의 차이를 알고 있나요?

차이가 뭐지?
다 똑같은 거 아닌가?

장난은 서로 즐거워야 해요!

장난과 괴롭힘은 비슷하면서도 다르구나….

오늘은 학교폭력 예방교육이 있는 날이에요. 예전에도 예방교육을 들은 적은 있지만, 솔직히 지루하고 재미가 없어서 늘 딴짓만 했어요.

선생님이 질문했어요.

"여러분, 장난과 괴롭힘의 차이를 알고 있나요?"

장난은 장난이고, 괴롭힘은 괴롭힘이지, 그 차이는 왜 물어보시는 걸까요? 그때 한 친구가 손을 들고 말했어요.

"장난은 서로 즐거워야 해요! 상대가 힘들어하면 괴롭힘이고요."

"맞아요! 내 행동으로 친구의 몸과 마음에 상처를 준다면, 그건 장난이 아니에요. 친구가 힘들어하는 걸 알면서도 모른 척 계속하면 괴롭힘이 될 수 있죠."

선생님의 말씀을 들으니 더 알쏭달쏭했어요.

친구들과 놀다 보면 놀리고 놀림당하는 건 흔한 일이에요. 나도 가끔 기분이 나쁠 때가 있지만, 대충 웃고 넘긴 적도 많아요. 근데 매번 "기분 나빴어?"라고 물어보는 것도 이상하고, "이건 장난이니까 괜찮아."라고 넘기기도 애매하잖아요.

친구들과 장난칠 때마다 내 행동이 괴롭힘인지 아닌지 어떻게 구분할 수 있을까요?

그건 괴롭힘이야!

📌 장난 vs 괴롭힘

장난이란?	괴롭힘이란?
• 서로 힘의 균형이 맞아야 해요. • 서로 존중하는 마음이 있어야 해요. • 친근함을 표현하는 방법이에요.	• 힘의 균형이 한쪽으로 쏠려 있어요. • 일방적으로 당하는 쪽이 있어요. • 상대방이 힘들다고 했는데도 반복해요.

장난과 괴롭힘은 무엇이 다를까요? '장난'은 '어린아이들이 재미로 하는 짓'이라는 뜻이 있어요. 여기서 '재미'라는 말이 중요한데요. 장난을 치는 사람이나 당하는 사람, 둘 다 재미있고 즐겁다고 느껴야 장난인 거예요.

반면 상대가 불쾌하거나 괴로운 감정을 느끼게 하는 행동은 '괴롭힘'이에요. 둘 중 한 사람이 힘이 세서 한쪽이 늘 장난을 당해야 한다거나, 장난을 치는 친구의 마음에 상대를 무시하는 마음이 깔려 있다면 괴롭힘이겠죠?

📌 친구가 힘들어하는지 어떻게 알아요?

"친구가 기분 나빠 하는지는 어떻게 알아요?" 장난기가 많은 친구들은 이런 질문을 해요. 그걸 아는 방법은 아주 간단해요. 장난을 걸 때나 장난을 치고 나서 친구가 어떻게 반응하는지 잘 살펴요. 친구의 표정이 좋지 않거나, 하지 말라고 말한다면 바로 행동을 멈춰요. 싫다는 의사 표현을 무시하고 계속해서 똑같은 장난을 친다면, 그건 학교폭력이 될 수 있어요.

잠깐! 학교폭력이 무엇일까요?

- 학교폭력이란, 학교 내외에서 학생을 대상으로 벌어지는 폭력 행위를 이르는 말이에요.
- 상해, 폭행, 감금, 협박, 약취*· 유인, 명예 훼손·모욕, 공갈, 강요·강제적인 심부름 및 성폭력, 따돌림, 사이버폭력 등 신체·정신 또는 재산상의 피해를 수반* 하는 행위를 말해요.

* 약취 : 겁을 주거나 억지로 데려가려는 행동을 뜻해요.
* 수반 : 어떤 일과 더불어 생긴다는 뜻이에요.

2. 내가 예민한 걸까요?

내가 좋아하는 과학 시간이에요.

"자, 씨가 싹트고 무럭무럭 자라는 데 필요한 조건에는 무엇이 있을까요? 한번 말해 볼 사람?"

"저요!"

나는 발표하는 걸 좋아해요. 용기 내서 발표하면 선생님께 칭찬도 받고, 자신감도 생기거든요.

"준우가 이야기해 볼까요?"

"식물의 씨가 싹이 트려면, 물과 따뜻한 온도가 필요해요! 아, 그리고 햇빛도 필요할 것 같아요."

"맞아요! 식물이 잘 자라기 위해서는 물과 빛, 적당한 온도가 필요해요. 준우 정말 잘했어요."

그때, 내 뒤에 앉은 민준이가 나한테만 들리는 목소리로 이야기하는 거예요.

"야, 잘난 척 너무 심한 거 아니야?"

그러자 민준이 옆에 앉은 도윤이가 맞장구를 치기 시작했어요.

"맨날 너만 발표하냐? 천재 납셨네."

얼굴이 화끈거렸어요. 당황스러워서 눈물이 왈칵 날 것 같았어요.

"그런 거 아니야……. 왜 그렇게 말해?"

"야, 장난이야, 장난. 왜 그렇게 예민하냐?"

"누가 수업 시간에 떠들지? 다들 집중하세요!"

선생님의 말씀에 민준이와 도윤이가 말을 멈췄어요.

나는 그 뒤로 아무 말도 할 수 없었어요. 계속 머릿속에 민준이 목소리가 맴돌았어요. "야, 잘난 척 너무 심한 거 아니야?" 그 말이 가슴에 콕 박힌 느낌이었어요. 수업이 끝났지만, 기분은 쉽게 나아지지 않았어요.

집에 돌아가는 길에도 머릿속에서 자꾸 같은 장면이 떠올랐어요. 잘난 척하려고 했던 건 아닌데……. 순간 너무 부끄럽고, 괜히 나선 건 아닌가 하는 생각이 들었어요. 민준이는 장난으로 말한 건데, 내가 너무 예민하게 반응한 건 아닌지 걱정도 됐고요.

그건 괴롭힘이야!

📌 내가 예민한 걸까요?

상대가 장난이라고 해도, 기분이 나빴다면 그건 내 감정이에요. 사람마다 웃을 수 있는 범위가 다르고, 어떤 말이나 행동에 기분이 나쁠 수 있어요. 만약 "장난인데 왜 그렇게 예민해?"라는 말을 들었다면, '내가 예민한 걸까?'라고 자신을 의심하고 자책하기보단, 기분이 왜 나빴는지 돌아보는 게 중요해요.

📌 상대의 감정을 무시하는 말

'장난인데 왜 그렇게 예민해?'라는 표현은 본인의 행동이 아니라 상대의 반응이 문제라는 식으로 몰아가는 표현이에요. 사람마다 느끼는 감정은 다르기 때문에 남이 어떻게 느끼든 함부로 평가할 수 없어요.

친구는 정말 기분이 나빴을 수도 있는데, 사과도 없이 예민하다고 말하며 넘겨 버리면, 친구는 더 큰 상처를 받고, 마음의 문을 닫아 버릴지도 몰라요. 상대방이 불쾌하다고 표현할 땐, 상대의 감정을 인정해 주고 사과하는 게 바람직해요.

준우 이야기

3. 내 탓을 하는 친구 때문에 속상해요

"오늘 수업은 여기까지!"

지루한 수업이 끝나고, 쉬는 시간이 되었어요. 그때 누군가 외쳤어요.

"같이 젠가 게임 할 사람?"

젠가 게임이라면 나도 자신 있어요. 얼른 친구들이 모인 곳으로 달려갔어요.

"가위바위보!"

가위바위보로 팀을 나눴는데, 하필 민준이와 같은 팀이 된 거예요. 나도 모르게 한숨이 나왔어요. 민준이는 승부욕이 강해서 블록을 넘어뜨렸다간 화를 낼지도 몰라요.

나무 블록이 하나둘 빠지고, 드디어 내 차례가 왔어요.

"정신 똑바로 차려! 넘어뜨리지 마!"

민준이가 소리치자, 갑자기 긴장됐어요.

"앗!"

우르르, 그만 블록이 무너져 버렸어요.

"진짜 짜증 나! 너 때문에 우리 팀이 졌잖아!"

민준이가 크게 소리쳤어요. 나도 잘하려고 했는데……. 내 순서에는 남은 블록도 몇 개 없었는데…….

다른 아이들 앞에서 창피를 주는 행동에 화가 났지만, 민준이가 무서워서 가만히 있었어요.

그건 괴롭힘이야!

📌 친구가 갑자기 화를 내요

준우가 블록을 넘어뜨리자, 민준이는 준우에게 화를 냈어요. 이때 준우의 마음은 어땠을까요? 게임에서 진 것도 속상한데, 민준이가 친구들 앞에서 자신을 무시하는 말을 해서 부끄러웠을 거예요. 갑자기 화를 내는 민준이가 무섭기도 했지만, 그 순간 제대로 대응하지 못했다는 생각 때문에 더 힘들었을지도 몰라요.

📌 여러분이 준우라면 어떻게 행동할 수 있을까요?

만약 여러분이 준우와 같은 일을 겪는다면 어떻게 대처할 수 있을까요?

① 지금 내 감정이 어떤지, 왜 불편한지 친구에게 표현해 보세요.

> 나도 잘하고 싶었는데, 블록이 쓰러져서 당황했어.

> 네가 나한테 소리쳐서 놀라고 속상했어.

> 다른 친구들도 있는데, 나 때문에 짜증 난다고 해서 창피했어.

② 분명하게 자기 생각을 전달해 보세요.

> 네가 화내고 소리 지를 때마다 너무 당황스럽고 속상해.
> 앞으로 왜 화가 났는지 먼저 말하거나, 설명해 줘.

> 게임을 하다 보면 실수할 수도 있잖아.
> 다음부터는 화내지 말고 즐겁게 게임하자.

친구의 말이나 행동 때문에 속상한 일이 생겼다면, 내 감정과 생각을 친구에게 분명하게 전달해 보세요. '친구가 화를 내면 어떡하지?', '나를 싫어하진 않을까?' 하는 걱정이 들 수 있어요. 하지만 솔직하게 말하지 않으면 친구는 내 마음을 모를 거예요. 용기 내서 표현한다면 친구도 내 감정을 이해하고, 앞으로 조심해서 행동할 거예요.

민준 이야기

4. 친구끼리 별명도 못 부르나요?

수업 시간, 앞자리에 앉은 김준우의 얼굴이 이상했어요. 엉덩이를 들썩들썩, 손을 들었다 내렸다 하더니, 결국 조심스레 손을 들고 말했어요.

"선생님, 저……, 화장실 좀 다녀와도 될까요?"

나는 옆자리 도윤이에게 말했어요.

"쟤 좀 봐. 똥 싸고 싶나 봐."

"킥킥킥, 그러네. 이따 놀리자."

잠시 후, 화장실에 갔던 김준우가 교실로 돌아왔어요. 내가 말했어요.

"야, 너 똥 싸고 왔지? 냄새나는 것 같아."

그러자 준우의 얼굴이 빨개졌어요. 정말이지 반응이 재미있어서 놀릴 맛이 난다니까요? 나는 공책을 찢어서 '똥쟁이 김준우'라고 써서 준우 의자에 붙였어요.

쉬는 시간이 되었어요. 김준우는 수업 시간에 화장실에 간 것으로도 모자랐는지, 또 화장실로 달려갔어요. 재미있는 구경을 놓칠 순 없죠. 나는 도윤이와 함께 화장실로 쫓아가서 소리쳤어요.

"야! 똥쟁이 김준우! 또 똥 싸러 갔냐?"

"이 안에 김준우 있다! 수업 시간에도 똥 싸더니, 또 똥 싸네. 김준우가 아니라 똥준우야!"

그러자 다른 반 애가 내 앞을 가로막으며 말했어요.

"야, 너희 이상한 별명으로 부르는 것도 괴롭히는 거야. 그만해."

"뭐가? 그냥 재밌어서 놀리는 건데?"

"너만 재밌는 거 아냐?"

"아니야! 다들 재미있어할걸?"

잠시 후, 김준우가 울 것 같은 얼굴로 화장실 문을 열고 나왔어요. 잠깐 미안한 마음이 들었지만, 크게 신경 쓰이진 않았어요. 친구끼리 별명 정도는 부를 수 있는 거 아닌가요? 그냥 웃고 넘기면 되는 일인데, 왜 이렇게 심각하게 구는 건지 모르겠어요.

그건 괴롭힘이야!

📍 **친구끼리 별명 정도는 부를 수 있는 거 아닌가요?**

친구끼리 친근함을 표현할 때 서로 별명을 지어 부르기도 해요. 하지만 상대의 약점이나 싫어하는 특징을 별명으로 부른다면 기분이 나쁘겠죠? 친구가 싫어하는데도 재미있다는 이유로, 별생각 없이 별명을 계속해서 부른다면 괴롭힘이 될 수 있어요. 학교폭력 중에서도 '언어폭력'에 해당하는 행동이죠.

잠깐! 언어폭력이 무엇일까요?

- 언어폭력은 욕설, 협박, 놀림, 비하하는 표현 등 언어로 상대방의 마음에 상처를 주는 행동을 말해요.
- 친구의 외모나 성격에 대해 놀리거나, 원하지 않는 별명을 부르는 행동, "죽을래?" 같은 말로 친구에게 겁을 주는 행동도 언어폭력이에요.
- 내가 한 말 때문에 상대방이 상처받았다면, 그 말이 사실이더라도 언어폭력이 될 수 있어요.
- 최근에는 사이버 공간에서 욕설, 비방, 허위 사실 유포 등을 통해 상대방에게 고통을 주는 사이버 언어폭력도 많이 발생하고 있어요.

5. 장난으로 부딪친 건데요?

등굣길에 저 멀리 준우가 걸어가는 게 보였어요. 힘없는 걸음걸이를 보니 괜히 놀려 주고 싶었어요.

"야, 김준우!"

달려가서 준우의 어깨를 툭 밀며 인사했어요. 그런데 준우가 옆으로 넘어지는 거예요.

"아, 아야……."

넘어진 준우가 나를 올려다봤어요. 그렇게 세게 민 것도 아닌데, 너무 크게 넘어져서 당황했어요. 나도 모르게 말이 퉁명스럽게 나갔어요.

"사, 살짝 밀었는데 왜 오버하고 그래? 그러게 똑바로 걷지 그랬어?"

학교에 도착해 자리에 앉았는데, 준우 무릎에 약간 상처가 나 있었어요. 아까 아침에 내가 밀어서 생긴 상처인가 봐요. 미안한 마음이 들었지만, 미안하다는 말이 나오지 않았어요.

"야, 김준우, 너 아침에 넘어졌다며?"

그런데 도윤이가 눈치도 없이 준우에게 말을 걸었어요. 나 때문에 생긴 상처인데……. 마음이 불편했지만 입을 꾹 다물었어요.

그건 괴롭힘이야!

📌 친구가 넘어질 줄은 몰랐어요

놀려 주고 싶은 마음에 준우를 밀어 버린 민준이의 행동은 괴롭힘일까요? 장난으로 살짝 민 정도니, 괜찮다고 생각하는 친구도 있겠죠. 하지만 살짝 밀었든 세게 밀었든 상대방의 몸과 마음에 상처를 줬다면 '신체폭력'이 될 수 있어요. 준우가 넘어졌을 때, 민준이가 "미안, 네가 그렇게 넘어져서 다칠 줄 몰랐어. 앞으로 조심할게."라고 자기 행동을 인정하고 미안한 마음을 표현했다면, 준우의 마음도 금세 괜찮아졌을지 몰라요.

📌 툭툭 치는 장난은 괜찮을까요?

민준이처럼 '장난이었으니, 이 정도는 이해해 주겠지?' 하는 마음가짐은 아주 위험해요. 그런 마음이라면 친구를 때리고 놀리고 괴롭혀도 '장난이니까!'라는 말 한마디로 넘어갈 수 있는 거니까요. 사소한 장난이라고 해도, 친근함의 표시라고 해도, 상대가 불쾌해한다면 당장 멈춰야 한다는 것. 이제 잘 이해할 수 있겠죠?

📌 이런 행동도 신체폭력일까요?

아래 문장을 읽고, 비슷한 경험이 있다면 체크해 보세요.

- ☐ 친구를 가볍게 툭툭 치는 행동을 반복한 적이 있다.
- ☐ 말다툼하다가 친구를 밀거나 쳐 본 적이 있다.
- ☐ 친구가 가지 못하게 길을 가로막은 적이 있다.
- ☐ 게임이나 운동을 하다가 화가 나서 친구를 세게 긴 적이 있다.
- ☐ 친구가 "하지 마."라고 말했는데도 밀거나 치며 계속 장난친 적이 있다.

여러분은 몇 개나 체크했나요? 한 가지라도 체크했다면, 내가 한 행동이 누군가에겐 괴롭힘으로 느껴질 수 있다는 뜻이에요.

잠깐! 신체폭력이 무엇일까요?

- 신체폭력은 때리기, 꼬집기, 툭툭 치기, 밀기 등 상대방의 신체에 고통을 주는 행동을 말해요.
- 친구의 몸을 손, 발로 때리거나, 어떤 장소에서 나오지 못하도록 가두는 행동, 강제로 어떤 장소로 데려가서 때리는 행동도 모두 신체폭력이에요.

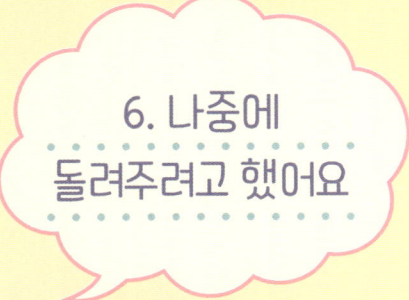

6. 나중에 돌려주려고 했어요

김준우는 좋은 물건을 많이 가지고 다녀요. 새로 나온 게임기가 있으면 늘 먼저 사서 자랑해요. 쉬는 시간이 되자, 친구들이 김준우 자리로 모여들었어요.

"와, 이거 이번에 나온 게임기 아냐?"

"그래픽도 진짜 좋네."

김준우가 새로 나온 게임기를 학교에 들고 온 거예요. 나는 김준우에게 말했어요.

"김준우, 뭐냐? 나 한번만 빌려줘."

"싫어. 너 내 물건 빌려 가면 잘 안 돌려주잖아."

"야, 내가 일부러 그랬어? 수업 시간 끝나고 바로 줄게."

"아, 진짜……. 이번만이다?"

원래는 딱 한 시간만 가지고 놀다가 돌려줄 생각이었어요. 그런데 너무 재미있는 거예요!

'지금 돌려주면 앞으로 가지고 놀지도 못할 텐데, 그냥 내일 줄까?'

갑자기 고민이 됐어요. 수업이 끝난 후, 잽싸게 게임기를 들고 교실 밖으로 뛰쳐나가며 소리쳤어요.

"오늘 하루만 좀 빌릴게!"

"야! 내 게임기 돌려줘!"

준우가 소리쳤지만, 어차피 내일 돌려줄 건데 괜찮지 않을까요?

그건 괴롭힘이야!

📌 돌려주기만 하면 되는 거 아닌가요?

민준이는 준우의 물건을 빌린 뒤 생각했어요. '어차피 돌려줄 건데, 좀 늦게 주면 어때?' 게임기를 뺏을 생각도 아니었고, 다음 날 바로 돌려줄 테니 문제없다고요. 정말 그럴까요? 민준이는 준우의 게임기를 빌릴 때부터 강압적으로 행동했어요. 준우가 싫다고 말했는데도 우기듯 물건을 받아 냈고, 준우와 약속했던 시간이 지났는데도 물건을 돌려주지 않았지요. 이렇듯 상대방의 물건을 강압적으로 빌리거나, 물건을 제때 돌려주지 않는 행동은 '금품갈취'에 해당하는 괴롭힘이 될 수 있어요.

잠깐! 금품갈취란 무엇일까요?

- 금품갈취란, 돈이나 물건 등을 강제로 빼앗아 상대방에게 재산상의 피해를 주는 행동이에요.
- 돌려줄 생각이 없으면서 돈을 요구하거나, 옷이나 문구류를 빌려 가서 일부러 돌려주지 않는 행동, 일부러 친구의 물건을 망가뜨리는 행동, 온라인에서 게임 머니나 아이템을 강요하는 행동 모두 금품갈취에 해당해요.

📌 내 행동을 돌아봐요

혹시 민준이처럼 친구의 물건을 마음대로 빌리거나, 제때 돌려주지 않은 적은 없나요? '그냥 잠깐 쓰고 마는 건데, 뭐.'라고 생각할 수 있어요. 하지만 친구는 나를 믿기 때문에 물건을 빌려준 거예요. 그러니 그 믿음을 지키는 태도가 무엇보다 중요하겠죠?

아래 체크리스트를 통해, 친구의 물건을 빌릴 때, 나는 어떻게 행동해 왔는지 확인해 봐요.

- ☐ 물건을 빌릴 때 먼저 친구에게 물어보고, 허락을 받는다.
- ☐ 친구가 기분 좋게 빌려줄 수 있도록 정중하게 물어본다.
- ☐ 친구가 빌려주기 어렵다고 하면 억지로 빌려달라고 하지 않는다.
- ☐ 빌린 물건은 깨끗하게, 소중하게 사용한다.
- ☐ 약속한 시간에 꼭 돌려준다.
- ☐ 물건을 돌려주며 고맙다고 인사한다.

6개 모두 체크했다면, 여러분은 믿을 수 있는 멋진 친구예요! 체크하지 못한 항목이 있다면, 다음엔 꼭 실천해 보기로 약속해요.

7. 친구끼리는 이상한 사진을 찍어도 되나요?

요즘 민준이 때문에 학교에 가고 싶지 않아요. 이런저런 생각을 하다 보니 잠이 오지 않아 책상에 놓인 휴대폰을 들었어요. 그때, '띠링' 메시지가 왔다는 알람이 울렸어요. 이민준이었어요.

깜짝 놀라 메신저 앱을 켜니 아무렇게나 찍힌 내 사진이 가득했어요. 표정이 이상한 사진들도 많았어요. 나는 덜덜 떨리는 손으로 메시지를 보냈어요.

> 이게 뭐야?

그러자 답장이 왔어요.

> 뭐긴 뭐야. 네 사진이잖아. 표정 봐. 진짜 웃긴다. ㅋㅋㅋ

친구끼리 장난으로 사진을 찍을 때도 있지만, 평소 나를 놀리고 괴롭히던 이민준이 보낸 사진이라 기분이 나빴어요. 나는 빠르게 답장했어요.

> 다 이상한 사진이잖아! 당장 지워 줘. 기분 나빠

메시지를 보냈는데 한참 동안 답이 없었어요. 나는 너무 화가 나서 침대에서 벌떡 일어났어요.

'이민준이 또 누구에게 사진을 보낸 건 아닐까? 다른 반 애들한테도 보냈으면 어쩌지?'

계속해서 불안한 생각이 머릿속을 맴돌았어요. 그때, 연달아 메시지가 왔어요.

> 싫은데? 내가 왜 지우냐? 친구끼리 사진 정도는 찍을 수 있는 거 아냐?

> 평소보다 잘 나왔는데, 프사로 바꾸지 그래?

너무 화가 났어요. 친구면 이상한 사진을 찍어도 되는 건가요? 이민준은 내가 이상하게 찍힌 사진들을 보내면 기분 나빠할 거면서, 이럴 때만 친구끼리라고 말해요. 더는 이민준이랑 친구 하고 싶지 않아요.

그건 괴롭힘이야!

📌 친구 멋대로 찍은 사진, 괴롭힘일까요?

친구의 허락 없이 몰래 사진을 찍거나, 사진을 지워 달라고 했는데도 무시하는 행동은 '사이버폭력'에 해당하는 괴롭힘이에요.

민준이의 메시지를 받은 준우는 밤새 '또 누구에게 사진을 보낸 건 아닐까?', '애들이 사진을 보면 어떡하지?' 하는 걱정에 잠도 못 이뤘을 거예요. 학교에 가서도 또 사진이 찍히는 건 아닐까 매번 불안해할 거고요.

이런 일이 발생하지 않도록 친구의 사진을 찍거나 SNS 등에 올릴 때 꼭 지켜야 할 에티켓을 함께 알아봐요.

친구의 사진을 찍을 때 지켜야 할 에티켓

1. 사진을 찍기 전, "사진 찍어도 돼?"라고 먼저 물어봐요.
2. 사진을 찍은 후 마음에 드는지 친구에게 사진을 보여 줘요.
3. 친구가 마음에 들어 하지 않는다면 바로 사진을 삭제해요.
4. 친구의 허락 없이 SNS나 다른 사람에게 공유하지 않아요.
5. 친구가 원하지 않으면 이상한 포즈나 표정을 강요하지 않아요.

2장

이것도
괴롭힘인가요?

승아와 다은이 이야기

솔아 이야기

8. 칭찬이었는데 기분 나쁘대요

너는 키도 작고 통통해서 진짜 귀여운 것 같아. 부러워.

키도 작고 통통하다고?

그게 아니라…. 칭찬으로 한 말인데….

칭찬이라고 해도, 기분 나쁜 건 나쁜 거야.

우리 반 회장 민지는 친구들이랑 사이도 좋고, 인기도 많아요. 민지와 친해지고 싶어서 쉬는 시간에 용기를 내 민지에게 말을 걸었어요.

"민지야, 너는 키도 작고 볼살이 통통해서 진짜 귀여운 것 같아. 고백도 많이 받았지?"

"키도 작고 통통하다고?"

칭찬을 했는데, 민지 표정이 별로 좋지 않았어요. 순간 당황해서 아무 말이나 했어요.

"아니, 그게 아니라, 지난번에 애들하고 이야기하는 거 들었어. 6학년 오빠한테 고백받았다며? 그 오빠랑 사귀는 거야?"

그러자 민지가 기분 나쁜 얼굴로 말했어요.

"그 이야기 언제 들었어? 왜 남의 이야길 엿듣고 그래?"

칭찬으로 한 말인데, 민지가 차갑게 말하니 몸이 얼어붙어 버렸어요.

"아니, 그게 아니라……, 칭찬으로 한 말인데……."

"그 오빠한테 고백받은 일 알려지는 거 싫단 말이야. 통통하다는 말도 싫어. 칭찬이라고 해도 기분 나쁜 건 나쁜 거야."

"기분 나빴다면 미안……. 그럴 의도는 아니었어. 앞으로는 조심할게."

화가 난 민지를 보며 생각이 많아졌어요. 친해지고 싶어서 한 말인데, 민지가 기분 나빠하는 것 같아서 미안했고요.

그건 괴롭힘이야!

📌 이런 표현, 과연 칭찬일까요?

'칭찬은 고래도 춤추게 한다'는 말이 있어요. 칭찬이 가지는 긍정적인 힘이 얼마나 큰지 비유한 말이에요. 하지만 칭찬에도 좋은 칭찬과 나쁜 칭찬이 있답니다. 아래 칭찬들을 한번 읽어 볼까요?

> "너 진짜 말랐다. 나도 너처럼 비쩍 마르고 싶어."
> "넌 공부 안 해서 좋겠다. 나도 너처럼 공부 못하면 부모님이 학원 다니라고 안 할 텐데……."
> "오늘 머리 스타일 좋은데? 가발 쓴 것 같아. 진짜 웃긴다."
> "우와, 너 정말 맛있게 잘 먹는다. 포동포동한 돼지 인형 같아."

마른 몸이 콤플렉스인데, '비쩍 말라서 좋겠다'라는 말을 들으면 기분이 어떨까요? 미용실에서 머리를 망쳤는데, 친구가 웃기다고 말하면 칭찬으로 받아들일 수 있을까요? 이처럼 어떤 의도로 말했든, 듣는 이의 기분을 배려하지 않는 칭찬은 좋은 칭찬이 아니에요.

📌 말하기 전에 한번 생각해 보기

　우리는 말을 할 때, 상대방이 어떻게 받아들이냐 보다 내가 말한 의도를 더 중요하게 생각하곤 해요. 하지만 진심으로 한 말이라고 해도, 상대의 마음에 어떻게 닿았는지 살피지 않는다면 승아처럼 의도치 않게 상처를 줄 수 있어요. 말을 꺼내기 전에 한번 더 생각해 볼까요?
　'이 말이 친구에게 칭찬이 될까, 상처가 될까?'
　이렇게 스스로 물어보는 습관을 지니는 것만으로도, 우리는 더 다정한 사람이 될 수 있어요.

📌 사과할 수 있는 용기가 필요해요

　민지가 화를 내자, 승아는 바로 사과하고 자신의 잘못을 인정했어요. 민망하고 부끄러울 수 있는 상황임에도 바로 사과하는 승아의 태도는 본받을 만하지 않나요? 만약 저런 상황에서 승아가 끝까지 "귀엽다고 칭찬했는데, 왜 그렇게 예민하게 반응해?"라고 반응했다면, 민지는 마음의 문을 닫아 버렸을지도 몰라요.

9. 친구들이 내 앞에서 험담을 해요

오늘은 피구 시합이 있는 날이에요. 사실 나는 체육 시간이 싫어요. 땀이 나는 것도 싫고, 몸을 움직이는 건 더더욱 싫어요. 이렇게 시합을 하는 날에는 나 때문에 팀이 질까 봐 잔뜩 긴장해서 몸이 얼어요.

아니나 다를까, 걱정했던 일이 벌어졌어요.

"야, 송승아! 너 왜 이렇게 못해!"

반에서 키도 크고 목소리도 큰 다은이가 소리쳤어요. 내가 패스를 잘못 줬거든요. 그러자 다은이와 친한 애들이 맞장구쳤어요.

"쟤 때문에 우리 팀 지면 어떡해?"

"송승아, 진짜 피구 못한다. 앞으로 쟤랑 같은 팀 하지 말자."

나는 얼굴이 걷잡을 수 없이 빨개졌어요. 눈물이 날 것 같았어요. 내가 울먹거리자, 다은이가 한 번 더 소리쳤어요.

"쟤 울어? 왜 울어? 울보 아냐?"

잠시 후, 체육 선생님이 뛰어와 경기를 중단시키고는 물었어요.

"무슨 일이야? 승아야, 왜 그래? 무슨 일 있었어?"

다은이와 친구들이 저마다 말했어요.

"승아가 먼저 공을 잘못 줬어요!"

"쟤 때문에 우리 팀이 졌단 말이에요."

그건 괴롭힘이야!

📌 친구를 상처 입히는 말

체육 시간에 승아가 들은 말들을 읽고, 승아가 어떤 감정을 느꼈을지 모두 체크해 봐요. 그리고 그렇게 생각한 이유를 적어 봐요.

> "너 왜 이렇게 못해!"
> "쟤 울어? 왜 울어? 울보 아냐?"
> "쟤 때문에 우리 팀이 졌단 말이에요."

☐ 슬픈   ☐ 창피한   ☐ 초조한   ☐ 화난
☐ 무서운 ☐ 불쾌한   ☐ 힘든   ☐ 괴로운
☐ 후회되는 ☐ 한심한   ☐ 불안한   ☐ 무기력한

내가 선택한 감정은 _____ , _____ , _____ 이에요.
이유는 _____ 때문이에요.

승아는 "너 왜 이렇게 못해!"라는 다은이의 말도 속상했지만, 옆에서 한두 마디씩 거드는 친구들의 말에도 큰 상처를 받았어요. 게임을 진 게 전부 자기 탓처럼 느껴지고, 친구들이 모두 자기를 싫어하는 것 같아 마음이 무척 괴로웠을 거예요.

📌 그렇게 심하게 말한 건 아닌 것 같은데요?

게임을 하다 보면 지는 날도 있고, 이기는 날도 있어요. 그런데 간혹 승부욕이 강한 친구들은 게임에서 지면 화가 나는 감정을 그대로 드러내요. 다은이는 승아가 실수하자 계속해서 화를 냈고, 승아가 우는데도 "쟤 울어? 왜 울어? 울보 아냐?"라며 면박을 줬어요.

속상한 마음은 알지만, 모두가 보는 앞에서 친구에게 모욕감을 주는 말이나 행동을 한다면, 괴롭힘이 될 수 있어요.

송승아는 눈물도 많고, 목소리도 작아서 답답해요. 저번 체육 시간에는 송승아 때문에 체육 선생님에게 크게 혼났어요. 공개적인 자리에서 친구를 비난하면 안 된다나 뭐라나……. 욕을 한 것도 아닌데 너무 억울했어요.

그날 이후로 송승아를 무시하기 시작했어요. 승아가 인사를 하면 못 들은 척했고, 말을 걸면 일부러 다른 친구를 불렀어요.

"저, 다은아……."

승아가 내게 할 말이 있는지 말을 걸어왔어요.

"야, 어제 신곡 무대 봤어?"

나는 곧장 옆에 있던 다른 친구에게 말을 걸었어요. 승아는 그 자리에 서서 또 울 것 같은 표정을 지었어요.

처음에는 눈치를 보던 아이들도 내가 대놓고 승아를 무시하니, 점점 나를 따라 승아를 무시하기 시작했어요.

체육 선생님은 친구를 때리거나 욕하지 않아도, 친구가 싫어하는 행동을 하면 안 된다고 했어요. 하지만 인사나 말 정도는 무시해도 괜찮지 않을까요?

나는 앞으로도 송승아의 인사를 받아 줄 생각이 없어요.

그건 괴롭힘이야!

📍 미워하는 친구의 인사는 무시해도 될까요?

친구의 말이나 인사를 한두 번 실수로 무시할 수는 있지만, 다은이처럼 고의로 무시하는 행동은 문제가 될 수 있어요. 심지어 다은이는 무리를 만들어 승아가 소외감을 느끼도록 행동했어요. 이렇게 지속적으로 승아를 고립시키는 행동은 '따돌림'에 해당해요.

잠깐! **따돌림이 무엇일까요?**

- 따돌림은 두 사람 이상이 집단을 이루어, 상대방을 의도적이고 반복적으로 소외시키거나 피하며, 다른 친구들과 어울리지 못하도록 차단하는 행동을 말해요.
- 따돌림은 눈에 잘 띄지 않기 때문에 그 심각성을 제대로 느끼지 못해요. 하지만 그런 은밀함 때문에 피해자는 더 깊은 상처를 받아요.

📌 이런 행동도 따돌림인가요?

무리에서 일부러 누군가를 빼놓고 이야기하거나, "쟤는 좀 별로야." 같은 말에 무심코 맞장구친 적이 있나요? 그런 경험이 있다면, 나도 모르게 따돌림에 참여한 걸 수도 있어요. '난 그냥 따라 웃었을 뿐인데'라고 생각하겠지만, 무시당하는 친구 입장에서는 그 침묵과 외면이 상처로 남아요. 직접 때리지 않았어도, 이런 말과 행동이 누군가에겐 따돌림으로 받아들여질 수 있다는 걸 꼭 기억해 주세요.

📌 친구가 내 말을 무시해요

승아처럼 친구들이 내 말을 무시할 때는 어떻게 해야 할까요? "네가 나를 무시해서 속상해. 내가 잘못한 게 있다던 말해 줘."라고 솔직하게 이야기해 볼 수 있어요. 나를 존중하고, 내가 편하게 느끼는 친구들과 긍정적인 관계를 만들어 가는 것도 좋은 방법이에요. 그래도 해결되지 않는다면, 선생님이나 부모님께 도움을 요청하면 돼요.

이 모든 상황은 내 잘못 때문에 벌어진 게 아니고, 세상에는 나를 걱정하고 생각해 주는 사람이 많다는 걸 잊지 마세요.

11. 친구가 부모님을 욕해요

"나는 우리 엄마를 닮았어. 엄마가 쌍꺼풀이 엄청 진하거든."

"그러고 보니까 너 진짜 눈 크다."

쉬는 시간, 다은이와 아이들이 모여 부모님과 자신의 닮은 점에 대해 이야기하고 있었어요. 그때, 다은이가 내 옆자리에 앉더니 물었어요.

"승아야, 너는 부모님 중에 누구 닮았어?"

"나? 나는……, 잘 모르겠는데. 아빠를 더 많이 닮은 것 같아."

"혹시 아빠도 눈치 없고 답답한 성격이서?"

"무슨 말이야?"

"아니, 성격도 부모님을 닮는다고 하잖아. 네가 아빠 닮았나 해서."

여기저기서 웃음소리가 들려왔어요. 누구보다 소중한 우리 부모님인데, 그런 식으로 말하다니 너무 화가 났어요.

"지금 우리 아빠 욕한 거야?"

내가 정색하며 말하자, 어이없는 대답이 돌아왔어요.

"왜 그렇게 화를 내? 네 이야기도 아니잖아."

내 이야기가 아니면 끝인가요? 너무 화가 나고 억울했지만, 뭐라 할 말이 떠오르지 않아 입을 꾹 다물었어요.

그건 괴롭힘이야!

📌 가족을 욕하는 것도 괴롭힘인가요?

가족은 누구에게나 가장 소중한 존재예요. 친구가 듣고 있는 자리에서 상대의 가족에 대해 험담을 하는 행동은 그 어떤 행동보다 깊은 상처를 줄 수 있어요. 다은이는 대놓고 승아를 욕하진 않았지만, 교묘하게 승아의 아빠와 승아를 비난하는 말을 했어요. 이렇게 부모님이나 친척, 가족을 비하하는 말과 행동은 '패드립'에 해당하는 학교폭력이에요.

잠깐! 패드립이란 무엇일까요?

- 상대방의 부모님이나 가족, 친척을 비난하고 비하할 목적으로 쓰는 표현을 패드립이라 해요.
- 패드립은 '패륜적 애드리브'의 줄임말로, 공식 명칭은 아니지만 학교폭력 현장에서 많이 쓰이고 있어요.

📌 친구가 내 가족을 욕해요

친구가 내 가족에 대해 험담을 한다면, 어떻게 해야 할까요? 그럴 땐 "나는 하나도 안 웃겨.", "그 말 듣고 기분 나빴어." 같은 말로 내 감정을 솔직하게 말해 보세요. 주변 친구들이 웃었다고 해서 움츠러들 필요도 없어요. 당당하게 내 생각을 말한다면 친구들도 자신의 행동을 돌아볼 거예요. 그래도 친구가 멈추지 않는다면, 감정적으로 대응하기보다 대화를 끊고 무시하는 것도 방법이에요. 필요하다면 믿을 수 있는 친구나 선생님에게 도움을 요청해요.

📌 친구의 가족 이야기, 조심해야 해요

친구의 집안 이야기처럼 민감한 주제를 말할 때는 늘 조심해야 해요. 집이 크든 작든, 부모님이 어떤 일을 하시든, 그건 친구의 사생활이에요. 친구의 집안 이야기를 허락 없이 퍼뜨리거나, "쟤는 맨날 같은 옷 입어.", "쟤네 부모님은 맨날 싸운대." 같은 말들을 생각 없이 내뱉으면 친구는 크게 상처받을 수 있어요.

12. 엉덩이를 때리는 장난은 괜찮을까요?

아영아, 같이 가자!

승아구나. 안녕?

근데 아영아.

무슨 일 있어?

사실….

뭐?

같은 반 친구들이 엉덩이를 때린다고?

학교를 마치고 집에 가는 길, 저 멀리 아영이의 뒷모습이 보였어요. 반가운 마음에 아영이에게 달려갔어요.

"아영아! 집에 같이 가자!"

"어, 승아구나. 안녕?"

아영이는 작년에 전학 온 나를 가장 잘 챙겨 주던 착한 친구예요. 아영이 덕분에 금세 반 친구들과 어울릴 수 있었고, 학교생활도 훨씬 편해졌어요. 아영이와 같은 반이 되었다면 매일 집에 같이 가고, 밥도 함께 먹었을 텐데, 아쉬워요.

그런데 오늘 아영이는 평소와 조금 달라 보였어요. 늘 밝게 웃던 얼굴이었는데, 표정이 어딘가 어두웠어요. 내가 조심스럽게 물었어요.

"아영아, 혹시 무슨 일 있어?"

"승아야, 사실 나 있잖아……."

아영이는 내게 고민을 털어놨어요. 요즘 들어 친구들이 자기에게 장난을 너무 심하게 친다는 거예요. 이상한 별명을 지어서 부르는 건 기본이고, 자꾸 물건을 마음대로 빌려 간대요.

그리고…….

"뭐? 같은 반 친구들이 엉덩이를 때린다고?"

"응. 여자애들이고, 장난이기는 한데……, 기분이 안 좋아."

아영이는 작게 한숨을 쉬었어요. 내가 다시 물었어요.

"너는 그 장난이 싫은 거지?"

"응. 근데 우리 반에서 유행하는 놀이라서 하지 말라고 하기 좀 그래. 저번에는 참다 참다 용기 내서 그만하라고 말했는데, 자기 엉덩이도 때리면 되지 않느냐고 그러는 거야. 근데 나는 그러기 싫거든."

아영이네 반에서는 엉덩이를 때리는 장난이 유행이래요. 싫다고 하면 소외당할까 봐 말도 못 하고, 혼자서 끙끙 앓았다고 했어요. 아영이는 조용하고 거절을 잘 못하는 성격이라 더욱 힘들었을 거예요.

그때, 문득 나도 예전에 친구 엉덩이를 때리는 장난을 쳤던 기억이 떠올랐어요. 다 같이 쳤던 장난이라 아무 생각 없었는데······. 속으로는 아영이처럼 불편하다고 느낀 친구도 있었을 거예요. 앞으로는 장난이라고 해도, 친구에게 상처가 될 수 있다는 걸 꼭 기억해야겠어요.

그건 괴롭힘이야!

 엉덩이를 때리는 장난은 괜찮을까요?

친구끼리 엉덩이를 때리는 장난, 한 번쯤 쳐 본 적 있지 않나요? '반에서 유행하는 장난이라서', '다른 친구도 모두 하는 장난이라서' 괜찮다고 생각할 수 있어요. 하지만 상대방이 원하지 않는 모든 신체 접촉은 괴롭힘이고, 이 행동이 지속되면 '성폭력'이 될 수 있다는 사실을 알아야 해요. 특히 엉덩이, 가슴, 성기, 허벅지 등 접촉했을 때 수치심을 느낄 수 있는 부위를 때리거나 만지는 행동은 더더욱 하지 않아야겠죠?

잠깐! 성폭력이란 무엇일까요?

- 성폭력이란 성적으로 상대방이 원하지 않는 말이나 행동으로, 다른 사람의 몸과 마음에 고통을 주는 행동이에요.
- 성폭력에는 상대방에게 성적인 불쾌감을 주는 신체 접촉뿐만 아니라, 성적인 말이나 놀림, 행동도 포함돼요.
- 성폭력은 이성 친구 간에도, 동성 친구 간에도 발생할 수 있어요.

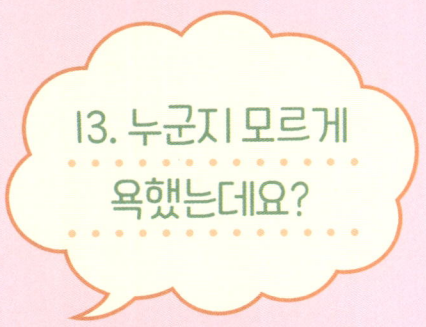

"아, 심심해……."

친구들이 없는 주말은 너무 심심해요. 휴대폰 메신저 앱을 켜서 친구들의 프로필을 구경하는데, 승아의 프로필이 보였어요. 승아의 상태 메시지는 '요즘 너무 힘들다'였어요.

'혹시 내 이야기는 아니겠지?'

승아의 말을 일부러 무시하거나, 승아가 없을 때 뒷담화를 한 기억이 떠올라 약간 찔렸어요. 하지만 나도 억울해요. 승아 때문에 체육 선생님에게 불려 가서 혼이 났거든요. 괴롭히지도 않았는데, 가해자 취급을 하는 것 같아 화가 났어요.

갑자기 재미있는 생각이 떠올랐어요. 나는 곧장 상태 메시지를 수정했어요.

'진짜 싫다.'

이걸로는 뭔가 부족한 것 같아요. 나는 상태 메시지를 승아에게만 보이도록 설정한 뒤, 상태 메시지를 다시 수정했어요.

'요즘 그 애 진짜 싫다.'

나는 친구들에게 전화를 걸어서 상태 메시지를 나랑 똑같이 바꾸라고 시켰어요. 상태 메시지에 승아의 이름을 쓴 것도 아니고, 승아에게만 보이도록 설정했으니 별문제 없지 않을까요?

그건 괴롭힘이야!

📌 숨는다고 괴롭힘이 아닌 건 아니에요

사이버 공간에서 특정 친구를 직접 지목하지 않고 비난하거나, 친한 친구끼리 상태 메시지를 똑같이 바꾸며 친구를 소외시키는 행동은 '사이버폭력'에 해당해요. 간혹 "저 그 친구 저격한 거 아니에요! 증거 있어요?"라고 말하는 친구도 있지만, 나 자신은 내가 한 행동의 의도를 누구보다 잘 알고 있을 거예요. 여러분은 어떤가요? 익명성에 숨어, 누군가를 몰래 괴롭힌 적은 없나요?

잠깐! 사이버폭력이란 무엇일까요?

- 사이버폭력이란, 핸드폰, 태블릿 PC 같은 정보 통신 기기를 이용해서 상대방에게 고통을 주는 행동을 말해요.
- 사이버 공간에서 친구를 모욕하거나, 인터넷 게시판·채팅창·SNS 등에 저격하는 글을 올리는 행동, 거짓 소문이나 사생활을 퍼뜨리는 행동, 성적인 불쾌감을 주거나 조롱하는 글·그림·영상을 게시하는 행동 모두 사이버폭력이에요.

📌 친구의 얼굴을 합성해 올리는 것도 사이버폭력인가요?

요즘은 글뿐만 아니라, 이미지나 영상도 기술을 이용해 진짜처럼 만들어 퍼뜨리는 일이 많아졌어요. 이런 기술을 '딥페이크'라고 해요. 그렇다면 친구 사진을 마음대로 편집해 퍼뜨리는 행동은 괜찮을까요?

친구의 얼굴에 다른 사람 얼굴을 합성하거나, 사진이나 영상을 이상하게 편집하고 조작해 퍼뜨리는 행동은 모두 사이버폭력에 해당해요. 사진이나 영상은 직관적이기 때문에 진짜처럼 느껴지기 쉽고, 그만큼 더 쉽게 믿게 돼요. 잘못된 정보를 퍼뜨릴 수 있는 기술일수록 더 조심하고, 책임감 있게 사용해야 해요.

잠깐! 딥페이크가 무엇일까요?

- 딥페이크(Deep Fake)는 인공 지능 기술을 활용해 사진이나 영상을 합성하는 기술이에요.
- 딥페이크를 통해 친구의 이미지를 편집해서 유포하면, 학교폭력 예방법, 정보통신망법 등 관련 법률에 따라 처벌받을 수 있어요. 성적인 사진이나 영상을 친구의 얼굴에 합성한 경우는 성폭력 처벌법이 적용될 수 있어요.

3장

그냥 보고만 있어도 되나요?

은지와 동혁이 이야기

은지 이야기

14. 친구가 괴롭힘을 당하는 것 같아요

그때 걔 울었던 거 기억나? 진짜 웃겼다니까.

그거 들었어? 송승아 왕따였대.

같은 반 애들이 싫어해서 전학 온 거래.

저번에는 거짓말도 했다니까? 그리고….

진짜? 어쩐지!

다은이가 헛소문을 퍼뜨리고 있어. 어쩌지?

다은이가 자꾸만 승아를 무시하는 것 같아요. 지난번 체육 시간 이후부터 승아 말을 의도적으로 무시하고, 인사도 잘 받아 주지 않아요.

얼마 전에는 승아가 없을 때 승아 뒷담화를 하는 거예요.

"그때 걔 울었던 거 기억나? 진짜 웃겼다니까. 아무 말도 안 했는데 자기 혼자 울고, 완전 울보야."

긴가민가하던 아이들도 요즘에는 다은이 말에 맞장구치며 같이 승아를 욕하기 시작했어요. 다은이는 이제 없는 말까지 만들어 내는 것 같아요.

"너희 그거 들었어? 송승아 사실 왕따였대. 같은 반 애들이 싫어해서 전학 온 거래."

내가 알기로, 승아는 부모님 직장 때문에 이곳으로 전학 왔어요. 다은이는 전혀 근거도 없는 말을 친구들에게 퍼뜨리고 있어요. 아니라고 말하고 싶었지만, 다은이 기분을 상하게 하고 싶지 않았어요. 다은이는 반에서 인기가 많은 친구거든요. 여기서 승아 편을 들었다가는 승아가 아니라, 내가 무시를 당하게 될지도 몰라요.

이런 마음을 가졌다는 사실이 너무 부끄럽고, 승아에게 미안했어요. 하지만 용기 있게 나서기는 무서워요.

그건 괴롭힘이야!

📍 친구가 괴롭힘을 당하는 것 같아요

은지는 다은이가 승아에 대해 없는 말을 지어내는 걸 보면서 속이 답답하고 불편했어요. 그 말을 바로잡고 싶었지만, 그건 말처럼 쉬운 일이 아니에요. 다은이는 반에서 인기가 많고 영향력도 크니까요. 하지만 은지가 이대로 방관한다면 은지 안의 죄책감은 더 커질 거예요.

괴롭힘은 누구에게나 일어날 수 있는 일이에요. 지금은 승아가 뒷담화의 주인공이지만, 다음엔 누가 입방아에 오르내릴지 몰라요. 친구가 힘들어할 때 내가 모른 척한다면, 언젠가 내가 힘들 때 아무도 나를 도와주지 않겠죠?

📍 친구의 괴롭힘을 목격했다면?

괴롭힘으로 힘들어하는 친구에게 위로를 건넬 수도 있지만, 침묵하지 않고 적극적으로 돕는 것도 중요해요. 친구의 괴롭힘을 목격했을 때, 어떻게 행동하면 좋을지 함께 알아볼까요?

1단계	"하지 마. 친구가 힘들어하잖아!" 괴롭히는 친구에게 말해요.
2단계	"괜찮아? 많이 힘들었지?" 따뜻한 말 한마디가 큰 힘이 될 수 있어요.
3단계	"선생님, 도와주세요!" 선생님에게 도움을 요청해요.

※ 채팅방이나 SNS에서 괴롭힘을 목격했다면 그 화면을 캡처해서 선생님에게 보여 주세요.

📌 "하지 마!"라고 말하기 어려워요

학교폭력을 목격했는데, "하지 마!"라고 말하기 어렵다면 어떻게 해야 할까요? 그럴 땐 나와 같은 마음을 가진 친구들을 찾아보세요. 혼자서는 어려울 수 있지만, 여러 명이 힘을 모아 말한다면 괴롭히던 친구들도 자기 행동을 돌아보고 멈출 거예요. 우리 반에도 나와 함께할 용기 있는 친구가 있는지 한번 떠올려 볼까요?

15. 내가 도울 수 있을까요?

민준이가 준우를 괴롭히는 것 같아요. 준우 말을 들어 보니, 물건을 멋대로 빌려 가서 돌려주지도 않고, 이상한 별명을 만들어서 준우를 매일 놀린대요. 힘들어하는 준우의 모습을 보니 마음이 불편해요.

준우는 이제 수업 시간에도, 쉬는 시간에도 조용해요. 시무룩한 얼굴로 고개를 푹 숙인 채 걸어 다니고, 점심시간에 밥도 잘 먹지 않아요.

민준이는 학교에서 장난기 많기로 소문난 친구예요. 작년에도 같은 반이었는데, 그때도 성격이 조용하고 순한 친구들을 괴롭혔어요. 민준이는 맨날 "장난인데, 왜 그래?"라고 말하지만, 과격한 장난 때문에 힘들어하는 친구들은 분명 있었어요.

아무도 말은 안 했지만, 다들 알고 있어요. 민준이랑 얽히면 피곤해질 수 있다는 걸요.

지난번에 우리 반 회장 민지가 "야, 적당히 해. 준우가 힘들어하잖아."라고 말한 뒤로 조금 덜한가 싶더니, 시간이 지나자 더 심하게 장난을 쳤어요. 준우의 표정은 날이 갈수록 어두워지고 있어요.

얼마 전에는 학교를 마치고 아무도 없는 교실에 준우 혼자 엎드려 있는 모습을 봤어요. 힘들어하는 준우를 위해 어떤 도움을 줄 수 있을까요?

그건 괴롭힘이야!

📍 마음을 어루만지는 작은 위로

선생님에게 혼났을 때, 시험을 망쳤을 때, 친한 친구와 다퉜을 때, 우리는 종종 혼자가 된 것 같은 기분을 느껴요. 그럴 땐 사소하지만 따뜻한 배려가 큰 힘이 되기도 해요. 여러분도 그런 경험이 있나요? 힘들고 외로웠던 순간, 나를 위로해 줬던 친구의 말이나 행동을 떠올려 보세요.

선생님에게 혼나서 시무룩했는데,
친구가 "많이 속상해?"라고 물어보며 젤리를 줬어요.

싫어하는 별명을 부르는 친구 때문에 짜증 났어요.
그때 짝꿍이 "짜증 나겠다. 내가 하지 말라고 해
줄까?"라고 말해 줘서 든든했어요.

축구 경기에서 실수해 팀이 졌어요.
"친구가 다음에 잘하면 되지."라며 웃어 줬어요.

📌 힘들어하는 친구를 위한 행동

호의가 담긴 작은 표정, 따뜻한 목소리로도 우리는 위로하는 마음을 충분히 전달할 수 있어요. 힘들어하는 준우를 위해 할 수 있는 말과 행동에는 어떤 것이 있는지 생각해 봐요.

위로하는 마음을 담은 말	위로하는 마음을 담은 행동
• "많이 힘들지?" • "속상할 것 같아." • "네 걱정 많이 했어."	• 마주치면 밝게 인사하기. • 이동 수업 시간에 챙겨 주기. • 단체 활동 시간에 소외되지 않도록 살피기.

여러분은 어떤 방법으로 힘들어하는 친구에게 위로를 건넬 수 있을까요? 직접 써 보아요.

_____
_____
_____
_____

4장

도움을 받고 싶어요

준우와 승아 이야기

16. 이런 일로 신고해도 될까요?

5월 13일 화 요일   날씨 ☀ (맑음)

제목	신고하고 싶다.

엄마에게 민준이가 괴롭힌다고 사실대로 말하고 싶었지만, 속상해하실 것 같아서 걱정됐다. 엄마가 학교에 찾아가서 화를 내시면 어떡하나 걱정도 된다. 신고를 하면 도움을 받을 수 있을까? 겨우 이런 일로 신고했냐고 하면 어떡하지?

그건 괴롭힘이야!

📌 이런 일로 신고해도 될까요?

괴롭힘으로 가장 힘든 사람은 바로 나 자신이에요. 부모님, 선생님, 친구들의 말도 중요하지만 가장 중요한 건 내 마음, 내 생각이랍니다.

날 힘들게 한 친구들에게 사과받고 싶은지, 그 친구들이 혼나길 원하는지, 법적으로 처벌받기를 원하는지 등, 내가 정말 원하는 게 무엇인지 곰곰이 생각해 보세요. 충분한 시간을 두고 고민해도 괜찮아요. 마음의 소리를 들었다면, 나에게 어떤 도움이 필요한지 생각해 보세요.

📌 학교폭력 신고는 어떻게 하나요?

- 117, 112에 전화를 걸어 학교폭력을 신고할 수 있어요.
- #0117로 문자를 보내서 신고해도 돼요.
- 선생님에게 "학교폭력을 신고하고 싶어요."라고 말씀드려요.

그건 괴롭힘이야!

📍 학교폭력을 신고하면 어떻게 되나요?

① 신고 접수
- 117에 신고하면 학교에 접수 내용이 전달돼요.
- 신고 내용을 확인한 학교 선생님은 보호자(부모님)와 상대 학생 보호자에게 "학교폭력이 접수되었습니다."라고 알려 준답니다.

② 교육지원청 보고
- 학교는 신고된 사실을 교육지원청에 알려요.
- 교육지원청은 학교폭력을 조사할 조사관 선생님을 배정하고, 조사관 선생님이 학교에 방문해 조사를 진행해요. 학교에 따라 조사관 선생님이 배정되지 않고, 학교 선생님이 직접 조사할 수도 있어요.

③ 조사 진행
- 조사관 선생님이 피해 관련 학생, 가해 관련 학생, 목격한 학생 등 관련 학생들을 만나서 이야기를 들어요.
- 보호자와 이야기를 나눌 수도 있어요.
- 피해를 증명할 자료가 있다면 제출할 수 있어요.

④ 해결 방법 선택
- 조사 후에는 피해 관련 학생과 보호자가 상의해야 해요. 학교폭력 피해가 크지 않고, 피해 학생이나 보호자가 원하는 경우에는 **'학교장 자체해결제도'**를 통해 관계 회복을 시도할 수도 있어요.

⑤ 위원회 심의

- 하지만 피해 정도가 심각하거나 학교장 자체해결제도를 원하지 않을 경우, 교육지원청의 **'학교폭력대책심의위원회'**를 통해 가해 학생에 대한 조치 및 피해 학생 보호 방안을 심의해요.

학교장 자체해결제도란?
- 학교폭력 피해 학생의 정신적, 신체적 피해가 크지 않고, 재산상에 피해가 없거나 있어도 바로 복구된 경우, 학교폭력이 지속적이지 않고, 보복 행위가 발생하지 않은 경우에, 교장 선생님이 피해 학생과 상대 학생 간 화해를 통해 어려움을 회복할 수 있도록 진행하는 절차예요.
- 학생 간 관계를 회복할 수 있는 다양한 프로그램을 진행하기도 해요.
- 이 제도를 선택하면 학교폭력대책심의위원회가 열리지 않아요. 단, 피해 학생과 보호자의 동의가 꼭 필요하답니다.

학교폭력대책심의위원회란?
- 각 지역의 교육지원청에서 운영하는 기구예요.
- 학교폭력으로 어려움을 겪는 학생들의 보호와 교육, 선도를 위한 조치를 심의해 결정해요.

학교폭력 신고 절차가 복잡하게 느껴질 수도 있어요. 하지만 이 과정은 여러분 혼자 감당해야 하는 일이 아니에요. 부모님과 선생님이 도와주시기 때문에 너무 걱정하지 않아도 괜찮답니다.

17. 어른들에게 어떻게 말해야 할까요?

6월 5일 목요일   날씨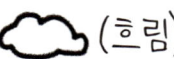

| 제목 | 어른들에게 말해도 될까? |

다은이가 헛소문을 퍼뜨리고 다닌다는 걸 안 순간 너무 화가 났다.

방에서 혼자 울고 있는데, 아빠가 무슨 일이냐고 물었다.

나는 다은이가 했던 행동들을 모두 털어놨다.

부모님은 아무 걱정하지 말라며 나를 꼭 안아 주셨다.

그건 괴롭힘이야!

📌 어른들이 진짜로 문제를 해결해 줄까요?

　학교폭력 때문에 힘들어도 '이 정도는 참아야 하나?', '괜히 말했다가 일이 더 커지면 어쩌지?' 하는 생각에 어른에게 말하는 걸 망설인 적 있나요? 혹은 '넌 왜 가만히 있었어?'라며 혼이 날까 봐, 지나치게 걱정하실까 봐, 내 마음을 이해해 주지 않을까 봐 등 여러 이유로 혼자 참는 친구도 많아요. 하지만 학교폭력은 혼자 해결하기 어려운 문제라는 점을 명심해야 해요. 주변을 둘러보면 여러분의 편이 되어 줄 어른은 반드시 있어요. 괴롭힘을 당하고 있다면, 포기하지 말고 꼭 도움을 요청하세요.

📌 누구한테 도움을 요청해야 하나요?

　어른에게 도움을 요청해야 한다는 건 알겠지만, 누구에게 말해야 할지 잘 모르겠다고요? 그럴 땐 주변에 있는 어른들을 한번 떠올려 보세요. 그 중에서 지금 가장 먼저 생각나는 어른 한 사람을 골라 보는 거예요. 누구에게 이야기하면 마음이 편해질지, 누구라면 내 이야기를 잘 들어 줄지 생각해 볼까요?

아래 목록에서 지금 가장 먼저 떠오르는 어른을 골라 보세요. 생각나는 사람이 없다면, 빈칸에 직접 적어도 좋아요.

☐ 엄마　　　☐ 아빠　　　　☐ 할머니　　　☐ 할아버지
☐ 이모/고모/삼촌　☐ 학교 선생님　☐ 상담 선생님　☐ 경찰

직접 적어 보기 _____

📌 학교폭력을 신고하면 어떤 도움을 받을 수 있을까요?

"가해 학생과 한 공간에 있기가 불편해요. 잠시 떨어져 있고 싶어요."

교장 선생님께 가해 학생과의 '분리'를 요청할 수 있어요.
안전하고 편안한 공간에서 지낼 수 있도록 도와주실 거예요.

"우울하고 잠이 안 와요. 마음이 이상해요."

학교에 있는 상담실 또는 학교 밖 상담 기관에서 상담을 받을 수 있어요.
상담 선생님과 이야기를 나누는 것만으로도 큰 도움이 될 거예요.

> "학교에 가기 두려워요. 당분간 집에서 마음을 추스르거나
> 병원에서 치료받아야 할 것 같아요."
>
> 마음이 힘들면 집에서 안정을 취하거나,
> 필요하다면 병원 치료를 받을 수 있어요.

> "가해 학생과 같은 반에서 생활하기 힘들어요.
> 다른 반으로 갈 수 있나요?"
>
> 필요하다면 논의를 거쳐 다른 학급으로 이동할 수 있어요.

학교폭력을 신고하면 어떤 도움을 받을 수 있는지 알아봤어요. 이러한 피해 학생의 보호를 위한 조치는 학교폭력 신고 후 보호자(부모님), 선생님과 상의를 통해 결정되거나, 학교폭력대책심의위원회를 통해 결정될 수 있어요.

5장

내가 친구를 괴롭혔다고요?

민준이와 다은이 이야기

민준 이야기

18. 내가 가해자라고요?

"민준아, 선생님이랑 잠깐 이야기 좀 할까?"

"준우가 민준이를 학교폭력으로 신고했어."

"네? 저 준우랑 잘 지내요!"

"안녕히 계세요…."

'내가 준우한테 어떻게 행동했지?'

"민준아, 선생님이랑 잠깐 이야기 좀 할까?"

"네? 왜요?"

친구와 이야기를 하고 있는데, 선생님이 나를 불렀어요.

"민준아, 준우랑 어떻게 지내니? 준우가 민준이를 학교폭력으로 신고했거든. 솔직하게 말해 줄래?"

"네? 그게 무슨 말이에요? 저 준우랑 잘 지내요!"

준우가 힘들어 보였던 건 사실이지만, 선성님에게 혼날까 봐 솔직하게 이야기할 수 없었어요.

"저희 다 그러고 노는 걸요! 장난친 거예요."

"그러면 준우랑 있었던 일들을 말해 볼까?"

선생님과 짧게 이야기를 나눈 뒤, 다시 교실로 돌아왔어요.

'그동안 내가 준우에게 어떻게 행동했지?'

나는 복잡한 마음을 안고 집에 갔어요. 집에 도착하니 엄마가 걱정스러운 표정으로 물었어요.

"민준아, 오늘 학교에서 연락이 왔는데……."

장난을 조금 친 것뿐인데, 가해자 취급을 받는 것 같아서 괜히 화가 나고 억울했어요.

그건 괴롭힘이야!

📍 민준이는 왜 화가 나고 억울했을까요?

민준이는 갑자기 학교폭력 가해자로 지목돼, 당황스럽고 화가 났어요. 자기 행동이 그렇게 심했다고 생각하지 않았고, 준우가 신고할 거라고도 생각하지 못했거든요. 학교폭력으로 신고됐을 때, 처음에는 민준이처럼 억울한 마음이 들 수 있어요. 하지만 친구가 그간 얼마나 힘들었을지 반성하는 시간을 가진다면, 내 행동의 결과를 받아들일 수 있을 거예요. 아무리 장난이라고 해도, 친구의 몸과 마음에 상처를 줬다면 학교폭력으로 신고될 수 있다는 사실을 알아야 해요.

📍 장난 좀 쳤을 뿐인데, 가해자? 정말 그럴까요?

학교폭력 가해자로 신고되면, 잘못된 행동에 대한 책임을 지기 위한 절차를 밟게 될 거예요. 그때는 억울한 마음이 들더라도 자신의 잘못을 인정하고, 변명하지 않는 책임감 있는 자세로 임하는 것이 중요해요.

📌 저는 앞으로 어떻게 되나요?

피해 학생이 얼마나 힘들어하는지, 얼마나 오랜 시간 힘들게 했는지, 가해 학생이 자신의 잘못을 반성하고 진심으로 사과했는지 등을 바탕으로 심의위원회의 위원들이 가해 학생에게 내릴 조치를 결정해요.

학교폭력 사안에 따라 한 가지의 조치가 내려질 수도 있고, 여러 개의 조치가 내려질 수도 있어요. 이런 조치들은 단순히 처벌을 위한 조치가 아니에요. 심의위원회 위원들도 여러분이 어떻게 하면 잘못된 행동을 반성하고, 같은 행동을 반복하지 않을지 신중한 고민 끝에 조치를 결정하거든요.

조치를 받았다고 해서 나쁜 사람이 되는 것도 아니에요. 이번 일을 계기로 스스로를 돌아보고, 다시는 같은 실수를 반복하지 않겠다고 다짐한다면 한층 더 성장할 수 있을 거예요.

19. 이 정도는 괜찮을 줄 알았어요

"다은아, 엄마랑 잠깐 이야기 좀 할까?"

방에서 휴대폰을 가지고 놀고 있는데, 엄다가 내 방문을 열고 들어왔어요. 엄마는 어딘가 어두운 표정이었어요.

"다은아, 혹시 학교에 네가 괴롭히는 친구 있니?"

"아니요? 없는데요?"

나는 깜짝 놀라 대답했어요. 순간 승아의 얼굴이 스쳐 지나갔어요.

"선생님이 그러시는데, 승아라는 친구가 요즘 많이 힘들다고 그러네. 엄마는 다은이 이야기를 들어보고 싶어서."

승아가 선생님에게 말한 걸까요? 평소에 승아 뒷담화를 하기는 했지만, 승아를 때리지는 않았는데……. 승아의 인사를 무시한 적은 있었지만…….

"엄마, 나는……."

"다은아, 어떤 일이 있었는지 알아야 너를 도와줄 수 있어. 무슨 일이 있었는지 말해 줄래?"

"사실……."

나는 엄마에게 승아와 있었던 일을 털어놓았어요. 혼날까 봐 승아에 대한 헛소문을 퍼뜨렸다는 사실은 비밀로 했어요. 엄마는 내 이야기를 듣더니 천천히 말했어요.

"다은이 네 말대로 승아 뒷담화를 했다거나, 승아의 인사를 무시했다면 승아가 많이 상처받았을 거야. 잘못한 게 있다면 승아에게 사과해야 하지 않을까?"

엄마의 질문에 아무 말도 못했어요. 승아와 있었던 일을 솔직하게 털어놓지도 않았는데, 엄마는 내가 승아에게 많이 잘못한 거라 말했어요.

엄마의 입으로 내가 한 일들을 들으니 너무 부끄러웠어요. 그 후로 엄마는 이런저런 말을 더 하셨지만, 아무런 말도 들리지 않았어요. 내일 학교에서 선생님에게 불려 갈 생각을 하니 너무 창피했고, 걱정도 됐어요.

혹시라도 학폭 가해자라는 소문이 나서 친구들이 나를 싫어하게 되면 어쩌죠?

그건 괴롭힘이야!

📍 다은이가 부끄러워하는 이유는 무엇일까요?

다은이는 엄마가 말하기 전부터 승아에게 한 행동이 잘못되었다는 걸 알고 있었을 거예요. 다은이는 승아를 괴롭히진 않았다고 믿고 싶어 했지만, 승아를 무시하고, 뒷담화를 했다는 사실은 알고 있었으니까요.

학교폭력 가해자로 지목되면, 대부분 다은이처럼 억울하다고 말하지만, 속으로는 자신이 잘못했다는 걸 알고 있는 경우가 많아요. 내 잘못을 인정한다는 건 늘 어려운 일이죠. 그래서 객관적으로 자신의 행동을 마주하게 되는 순간, 더 부끄럽고 도망치고 싶은 마음이 들기도 해요.

📍 내 잘못을 인정하기

지금 당장은 부끄럽고 힘들겠지만, 내 잘못을 인정해야 다음 단계로 나아갈 수 있어요. 그리고 같은 실수를 반복하지 않겠다고 다짐하고, 그 다짐을 행동으로 보여 주는 게 중요해요. 잘못을 반성하고 바르게 고쳐 나가려는 과정을 통해 우리는 조금 더 나은 사람으로 성장할 수 있어요.

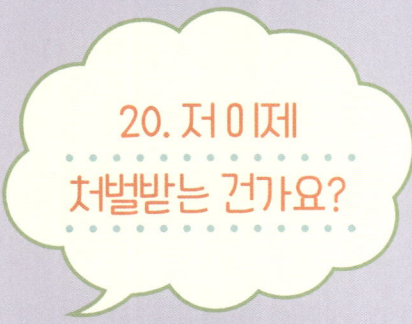

다음 날, 복잡한 마음을 안고 학교에 갔어요.

"당분간 민준이는 준우와 떨어져 지내야 해. 네가 준우에게 했던 행동이 학교폭력으로 신고됐거든."

선생님은 나에게 앞으로 며칠간 준우와 떨어져 지내야 한다고 하셨어요. 선생님 말씀을 듣고 나서야, 내가 얼마나 큰 잘못을 했는지 실감했어요.

앞으로 나는 어떻게 되는 걸까요? 얼마 전에 들었던 학교폭력 예방교육 내용이 떠올랐어요. 학교폭력 가해자로 지목되면 교육청에서 처벌받을 수 있다고 했는데…….

어젯밤, 아빠가 해 주신 이야기가 생각났어요.

"민준아, 혹시 억울하니? 다른 애들도 다 이렇게 노는데, 왜 나한테만 그럴까 하고?"

"맞아요. 사실 조금 억울해요. 이게 학교폭력으로 신고까지 당할 일인가요?"

"폭력은 별명을 부르거나, 툭툭 치는 작은 행동에서 시작돼. 처음엔 장난일 수 있지만, 친구가 불편해한다면 바로 멈추고 사과해야 해. 친구가 힘들어하는 걸 알고도 같은 행동을 반복한다면, 그건 장난이 아니라 괴롭힘인 거야. 네가 별명을 부르며 준우를 놀리고, 툭툭 때리는 장난을 쳤을 때 준우는 어때 보였니?"

"시무룩해 보였어요. 준우가 하지 말라고 했지만, 제가 무시했어요."

"만약 네가 준우와 같은 상황에 놓였다면 어땠을 것 같아?"

나는 고개를 절레절레 흔들었어요.

"저는 못 참았을 것 같아요."

"그래. 앞으로 조사에서도 지금처럼 솔직하게 이야기할 수 있지? 아빠는 민준이가 잘못을 인정할 수 있는, 용기 있는 사람이라고 믿어. 선생님과 이야기해서 준우에게 꼭 사과하자."

며칠 후, 학교폭력 전담 조사관 선생님이 오셔서 그동안 있었던 일들에 대해 묻고 가셨어요. 조사를 받다 보니 내가 그동안 별것 아니라고 생각한 일들이 준우를 힘들게 했다는 걸 알게 되었어요. 준우가 내 사과를 받아 주지 않으면 학교폭력대책심의위원회가 열린다는 안내를 받았어요. 그러면 가해 학생 조치를 받을 수도 있다고 하던데…….

나는 어떤 조치를 받게 될까요? 내가 잘못한 건 분명히 알겠어요. 그렇지만 너무 걱정되고 무서워요.

그건 괴롭힘이야!

📌 가해 학생은 어떤 조치를 받게 되나요?

학교폭력 가해 학생에 대한 조치는 학교폭력예방 및 대책에 관한 법률에 따라 이루어져요. 가해 학생은 서면사과, 교내외 봉사, 특별 교육, 출석정지, 학급교체, 전학, 퇴학 등의 조치를 받을 수 있어요.

- 서면사과 : 피해 학생에게 사과의 편지를 씀.
- 피해 학생 및 신고·고발 학생에 대한 접촉, 협박 및 보복 행위의 금지
  : 피해 학생이나 신고한 학생 근처에 가지 않고, 협박·보복을 금지함.
- 교내봉사 : 학교에서 봉사 활동을 함.
- 사회봉사 : 학교 밖 기관에서 봉사 활동을 함.
- 특별 교육 이수 또는 심리 치료 : 교육이나 심리 상담 또는 치료를 받음.
- 출석정지 : 며칠간 수업에 참여하지 못하도록 함.
- 학급교체 : 다른 반으로 옮김.
- 전학 : 학교를 옮김.
- 퇴학 : 다니던 학교를 그만둠.

※ 퇴학 조치는 고등학생만 해당해요. (학교폭력예방법 제17조 근거)

21. 사과하고 싶어요

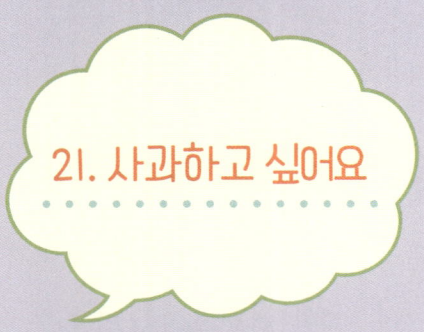

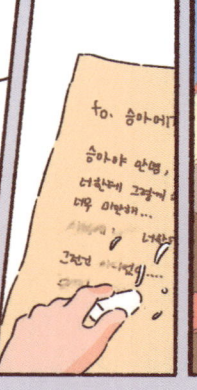

1교시가 끝나고 선생님이 나를 조용히 불렀어요.

"다은아, 잠깐 이야기 좀 할까?"

선생님은 승아가 그간 얼마나 힘들었는지, 선생님에게 털어놓기까지 승아가 얼마나 많이 고민했는지 들려주셨어요.

선생님의 입으로 내가 한 일들을 들으니 너무 부끄럽고, 승아에게 미안해서 절로 고개가 숙여졌어요.

"주말 동안 생각해 봤는데요. 제가 승아에게 많이 잘못한 것 같아요. 부모님이 하시는 말씀을 들으니 부끄럽기도 하고, 승아가 그렇게 힘들었는지 정말 몰랐어요. 그리고 솔직히 승아가 학교폭력으로 절 신고하면 어쩌지 하는 마음도 들어요······. 승아에게 사과하고 싶어요."

선생님은 나를 가만히 바라보시더니 말씀하셨어요.

"정말 잘 생각했어. 잘못된 행동을 인정하고, 사과하는 건 생각보다 큰 용기가 필요한 일이더라. 그래서 '사과할 즐 아는 용기'라는 말도 있잖아."

선생님이 무슨 이야기를 하는지 조금은 알 것 같았어요. '주변 친구들이 신경 쓰여.', '승아가 내 사과를 받아 주지 않으면 어쩌지?' 하는 생각이 들어서 막막했거든요.

선생님께서 말씀하셨어요.

"먼저 승아에게 전하고 싶은 말을 적어 볼까? 말로 전하기 전에 글로 생각을 정리해 보면 도움이 될 거야. 그리고 사과했으니 끝이라고 여기지 않는 태도도 중요해. 내가 아무리 진심이었어도, 받는 사람이 아직 마음의 준비가 안 됐다면 기다려 줄 줄도 알아야 해."

나는 조용히 고개를 끄덕였어요. 미안한 마음을 전한다는 게 생각보다 쉽지 않다는 걸 깨달았어요. 더 용기를 내서, 진심을 담아 승아에게 사과해야겠다고 다짐했어요.

그건 괴롭힘이야!

📍 사과하기 전 내 행동 돌아보기

누군가에게 진심으로 사과할 마음이 들었다면, 먼저 내 행동을 돌아봐야 해요. 내 어떤 행동 때문에 친구가 힘들어했는지, 앞으로 어떻게 행동하면 좋을지 생각해 보는 거예요. 내 잘못을 고민하고 반성하는 시간을 가져야 진심이 담긴 사과를 전할 수 있어요.

잘못된 행동	친구의 마음은 어땠을까?	앞으로의 다짐
친구의 인사를 의도적으로 무시했어요.	내가 인사를 무시해서 속상하고 외로웠을 거예요.	앞으로는 인사를 건네는 친구에게 나도 반갑게 인사할 거예요.
다른 아이들 앞에서 친구의 험담을 했어요.	누구도 내 편이 되어 주지 않아서 마음이 아팠을 것 같아요.	친구의 마음이 다치는 말은 하지 않을 거예요.
확인되지 않은 소문을 퍼뜨렸어요.	너무 억울하고 답답했을 것 같아요.	친구에 대한 헛소문을 퍼뜨리지 않을 거예요.

그건 괴롭힘이야!

📍 **진심 어린 사과를 전하려면 어떻게 해야 하나요?**

이런 사과를 들으면 기분이 어떨까요?

> "네가 기분 나빴으면 미안한데, 일부러 그런 건 아냐."

이 말은 언뜻 사과처럼 들리지만, 상대방의 감정을 온전히 받아들이지 않고 미안하다는 말로 넘기려는 느낌을 줘요. 내 행동에 대한 반성 없이 '그럴 의도는 아니었어.' 같은 변명을 덧붙이면 진심이 느껴지지 않을 수 있어요.

> "정말 미안해. 네가 힘들어한다는 걸 알면서도 모른 척했어.
> 나 때문에 많이 힘들었지? 앞으론 그러지 않을게."

이 사과에는 내 행동에 대한 반성, 친구의 감정을 이해하려는 공감, 같은 행동을 반복하지 않겠다는 다짐이 담겨 있어요. 이처럼 친구에게 진심 어린 사과를 전하기 위해서는 나의 잘못된 행동과 상대가 느꼈을 감정을 인정하는 마음가짐이 필요해요.

📌 연습할수록 더 잘할 수 있어요

사과하고 싶은 마음은 있지만, '내 사과를 받아 주지 않으면 어떡하지?' 하는 걱정 때문에 용기가 나지 않을 수 있어요. 그럴 때는 친구에게 어떤 말을 하고 싶은지 내 마음을 먼저 정리해 보세요. 정리가 끝났다면 거울 앞에서 하고 싶은 말을 소리 내어 말하는 연습을 해 보세요. 처음엔 어색하겠지만 연습하다 보면 금세 자연스러워질 거예요. 편지를 쓰는 것도 좋은 방법이에요. 차분하게 내 생각을 써 내려가다 보면 복잡했던 마음도 정리되고, 다시 한번 친구의 입장을 돌아보는 계기가 될 거예요.

📌 내 잘못을 인정해야 하는 이유

잘못을 인정하는 태도는 다른 누구도 아닌 나 자신에게 도움이 되는 태도예요. 내가 한 행동을 솔직하게 돌아보고 잘못을 받아들이는 순간, 같은 실수를 반복하지 않을 힘이 생겨요. 잘못을 인정하는 과정을 통해 나는 어떤 상황에서 부족했는지 알 수 있고, 그 경험이 나를 더 단단하게 성장시킬 거예요.

6장

괴롭힘 그 후

승아와 준우 이야기

승아 이야기

22. 사과를 받아 줘야 할까요?

다은이가 사과했지만 마음이 불편해.

어? 승아야!
얼른 와! 같이 과자 먹자.

그래!
빨리 와!

내 곁에는 친구들이 있어.
분명 괜찮아질 수 있을 거야.

그날 이후, 다은이는 내게 사과를 해 왔어요. 처음에는 편지로, 나중에는 대화를 통해 그간 잘못했던 일들을 하나하나 짚어 가며 사과했어요. 앞으로는 절대 내 말을 무시하거나, 뒷담화를 하지 않겠다고도 약속했어요.

처음에는 사과를 받아 주고 싶지 않았어요. '이제 와서?' 하는 생각도 들었고, 내가 받은 상처가 너무 커서 쉽게 마음을 열 수 없었거든요. 하지만 진심으로 반성하는 모습에 내 마음도 조금씩 풀리기 시작했어요.

아직 다은이를 완전히 용서한 것도 아니고, 아무 일 없었던 것처럼 지낼 수도 없겠지만……, 그래도 예전보다 마음이 가벼워졌어요.

이 일을 겪고 나서 깨달은 건, 주변에 나를 위해 주는 사람이 생각보다 많다는 거예요. 내 곁에는 버팀목이 되어 주는 부모님도 있고, 나를 보호해 주는 선생님도 있어요. 모른 척하지 않고 용감하게 나서 준 은지와 친구들도 있어요. 그 존재들 덕분에 나는 느리지만 조금씩 괜찮아지고 있어요.

그리고 확실히 알게 된 건, 학교폭력은 내가 잘못해서 생긴 일이 아니라는 거예요. 그 사실을 알게 된 것만으로도 마음이 조금 더 단단해졌어요.

그건 괴롭힘이야!

📌 아직 사과받을 준비가 되지 않았어요

　누군가 내게 사과를 했다고 해서, 무조건 받아들여야 하는 건 아니에요. 아직 마음의 준비가 되지 않았다면 기다려도 괜찮아요. 사과를 받아 줄지 말지는 나의 마음이 결정하는 일이니까요. 중요한 건, 상대가 진심으로 잘못을 돌아보고 있는지, 그리고 내가 사과를 받아들일 상태인지 살피는 과정이 필요하다는 거예요. 용서는 타인의 요구가 아니라, 나 자신을 위한 선택이 되어야 해요.

📌 꼭 예전처럼 친해져야 할까요?

　누군가와의 관계를 회복하는 데는 시간이 필요해요. 사과를 받았다고 해서 바로 예전처럼 잘 지내야 한다고 생각하면 마음이 더 무거워질 수도 있어요. 내가 편안해질 때까지 거리를 두어도 괜찮고, 그래도 마음이 불편하다면 억지로 친해지지 않아도 돼요. 내가 편한 관계는 나 스스로 정할 수 있어요.

📌 승아에게 응원 한마디 쓰기

　승아가 다시 편안하고 즐거운 학교생활을 할 수 있도록 짧은 응원의 말을 적어 보아요. 그리고 혹시 주변에 비슷한 어려움을 겪는 친구가 있다면, 따뜻한 말을 건네 보세요. 여러분의 작은 관심과 응원이 큰 힘이 될 거예요.

에게

가 씀

준우 이야기

23. 이제 괜찮아질 수 있겠죠?

준우야, 학교 잘 다녀와!

네!

또 그런 일이 일어나면 어떡하지….

괜찮을 거야. 내가 잘못한 게 아니니까.

"준우야, 학교 잘 다녀와! 언제나 엄마 아빠가 곁에 있는 거 알지?"

학교폭력 신고를 하고 난 뒤, 많은 일이 있었어요. 학교폭력 전담 조사관 선생님에게 조사도 받았고, 교육청에서 학교폭력대책심의위원회가 열려 심의도 이루어졌어요.

처음 겪는 일이라 낯설고 두려웠지만, 내 잘못이 아니라고 말해 주는 사람들 덕분에 다시 힘을 낼 수 있었어요.

학교생활도 예전보다 조금 더 편해진 것 같아요. 민준이가 여전히 신경 쓰이기는 하지만, 다른 친구들과 지내는 것도 괜찮고, 학교 가는 게 예전처럼 두렵지는 않아요.

하지만 문득문득 불안한 마음이 나를 힘들게 해요.

'친구가 날 이상한 별명으로 부르면 어쩌지?', '친구들이 뒤에서 내 흉을 볼지도 몰라…….' 같은 걱정이 들면 가슴이 철렁 내려앉는 것 같아요. 하지만 이제는 알아요. 내가 힘들 때 나를 도와줄 사람이 있다는 걸요.

내 마음도 단단해졌다고 느껴요. 예전에는 누가 싫은 말을 하면 마음이 무너지는 것 같았는데, 지금은 '내가 잘못한 게 아니야'라고 마음을 다독일 줄 아는 힘이 생겼어요.

그렇지만 다시는 이런 일이 없었으면 좋겠어요. 나에게도, 또 우리 반에도요.

그건 괴롭힘이야!

📍 정말 괜찮아질 수 있을까요?

학교폭력을 신고한 뒤, 혼란스러운 건 아주 자연스러운 일이에요. 마음이 뒤숭숭할 땐 혼자 일기를 써 보거나, 주변 사람들에게 솔직한 마음을 털어놓아 보세요. 하루에 하나씩 내가 잘한 일이나 기분 좋았던 순간을 떠올리는 것도 불안한 감정을 가라앉히는 데 효과가 있어요. 무엇보다 기억해야 할 건, 내가 한 행동은 '나를 지키기 위한 용기 있는 선택'이었다는 사실이에요. 여러분의 용기 있는 선택이 앞으로 나아갈 수 있는 힘이 되어 줄 거예요.

📍 친구 관계, 어떻게 해야 할까요?

준우는 친구들과의 관계가 왠지 예전 같지 않다고 느꼈어요. 같은 반 친구들과 마주치는 것만으로도 긴장되거나, 누군가 자신의 이야기를 할까 봐 불안했죠. 이런 상황에서 가장 많이 드는 걱정은 "친구들과 예전처럼 지낼 수 있을까?"일 거예요. 준우처럼 마음이 복잡할 땐, 모든 사람과 잘 지내야 한다는 생각에서 조금 벗어나 봐도 괜찮아요.

친구가 많지 않아도 괜찮고, 억지로 많은 사람과 친해지려 하지 않아도 돼요. 불편한 친구와는 거리를 둬도 괜찮고요.

또 힘들어지면 어떡하죠?

처음에는 잘 이겨 낸 것 같다가도, 문득 다시 마음이 무거워질 때가 있어요. 이런 생각이 드는 건 내가 약해서가 아니라, 그만큼 힘든 일을 견디고 있기 때문이에요. 학교생활에 잘 적응하기 위해, 내가 실천해 볼 수 있는 행동들을 알아볼까요?

잘못한 게 없는데도 주눅들어 있나요?	"나는 잘못한 게 없어요." 밝은 표정으로 당당하게 학교에 가기.
누군가 나를 불편하게 할 때, 참고만 있지 않나요?	"나 지금 기분 나빠." 내 감정을 말로 표현해 보기.
마음이 너무 힘들고, 혼자 감당하기 어려운가요?	"요즘 좀 힘들어요." 부모님이나 선생님께 말하기. 위클래스나 1388 청소년 사이버상담센터에 도움 요청하기.

그건 괴롭힘이야!

에필로그

괴롭힘 없는 우리 반을 위한 약속

우리 반에 괴롭힘이 사라지려면, 나는 어떤 행동을 하고, 어떤 행동을 하지 않아야 할까요? 학교폭력 없는 우리 반을 위한 나만의 약속을 적어 보세요.

 "친구가 싫어하는 별명을 부르지 않을 거예요."

 "친구에게 먼저 다가가 인사할 거예요."

 "친구를 무시하거나 따돌리지 않을 거예요."

 "친구의 기분을 생각하며 말할 거예요."

 "친구가 힘들어할 때 지나치지 않을 거예요."

 "친구의 비밀을 퍼뜨리지 않을 거예요."

" .... "